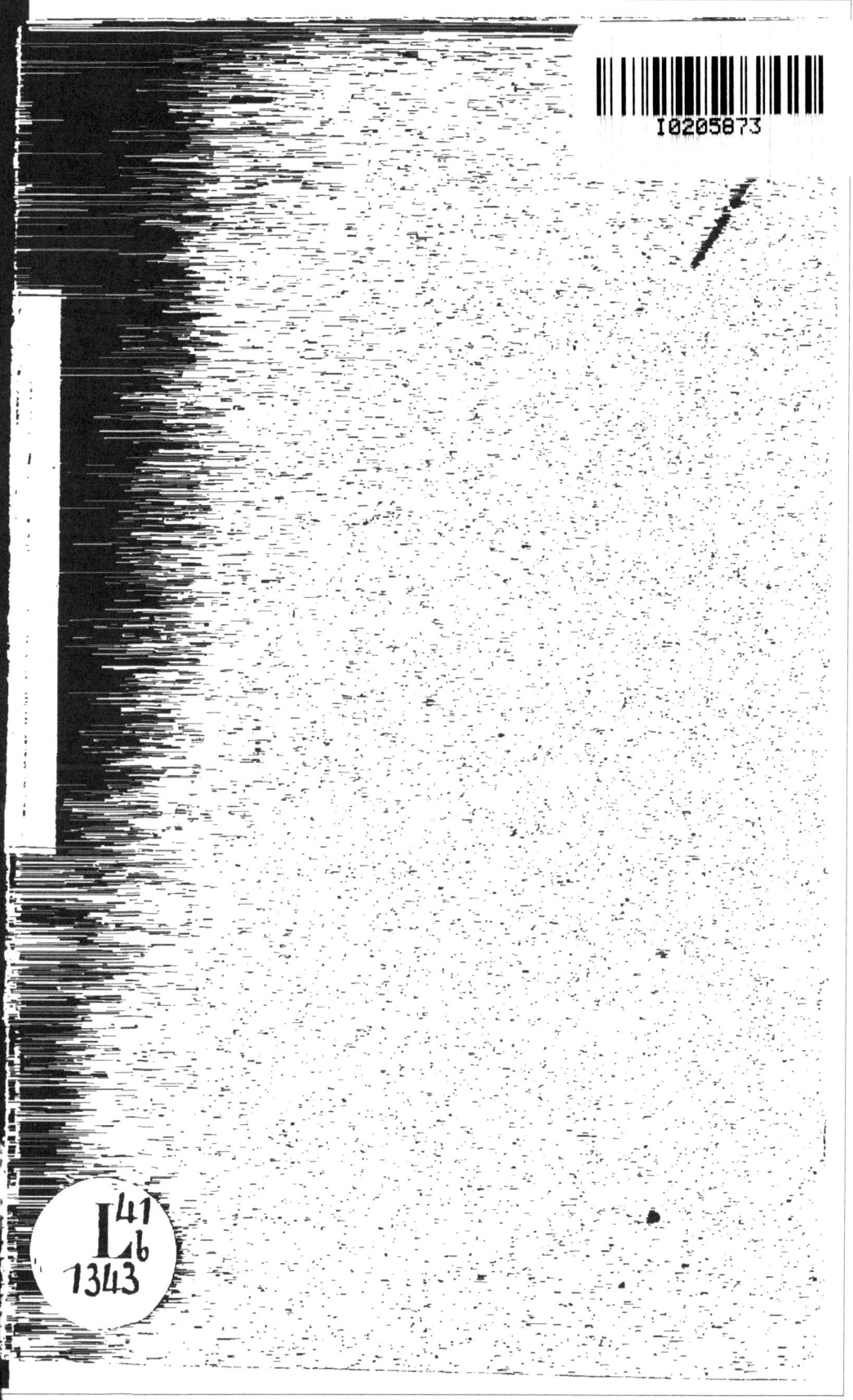

Лb-41
1343

RÉFLEXIONS RÉPUBLICAINES,

Sur l'Incarcération de plusieurs Patriotes de Perpignan.

Par une des Victimes de cette Oppression.

Que la vertu triomphe, en tous lieux, en tout tems,
Des erreurs des humains et des vœux des tyrans.

A PERPIGNAN, de l'Imprimerie de J. ALZINE,

L'AN III DE LA RÉPUBLIQUE.

RÉFLEXIONS RÉPUBLICAINES

SUR L'INCARCÉRATION

de plusieurs patriotes de Perpignan,

De toutes les époques qu'offre à méditer l'histoire de notre révolution, la plus remarquable, comme la plus instructive est celle qui a dévoilé une partie des intrigues habiles, dont parloit Barrère à la Convention, par lesquelles on a voulu calomnier les patriotes pour les opprimer, & les opprimer pour anéantir la République. Il ne suffit pas de dire : Robespierre étoit un tyran, il faut encore le persuader aux plus incrédules : je voudrois que chaque département s'empressât à faire connoître toute l'étendue de ses forfaits, comme le monument le plus utile au bien public. C'est lui qui transformoit la liberté en esclavage, la justice en inquisition, qui faisoit égorger le peuple sous prétexte de le sauver. » Un homme sage, humain, né avec un caractère doux, ne conçoit pas plus, dit Voltaire, qu'il y ait parmi nous des bêtes féroces ainsi altérées de carnage, qu'il ne conçoit des métamorphoses de tourterelles en vautours. » Cependant rien n'est plus vrai que la barbarie de Robespierre ; c'est que l'oubli des principes enfante des monstres : punissons les coupables, mais protégeons les innocens.

C'est sous ces auspices salutaires que j'oserai parler des patriotes de Perpignan, accusés de *fédéralisme* ou *royalisme*, c'est-à-dire d'avoir partagé les sentimens & la conduite des Lyonnais, des Toulonnais, &c. &c.? Qu'ont-ils fait pour mériter cette infâme inculpation ? Ames sensibles & vraiment républicaines, voici un précis de l'origine & des suites du fédéralisme ; lisez & jugez !

Dès les premiers jours de la Convention nationale, dit Jean-Bon St.-André, le projet de fédéraliser la France se manifesta ouvertement. » Au nombre des auteurs & complices de cette conspiration contre l'unité & l'indivisibilité de la République, contre la liberté & la sûreté du peuple Français, étoient Brissot, Jansonné, Guadet, Pétion, Rolland, Carra, Biroteau, &c. &c. Ils cherchèrent à empoisonner la liberté & l'esprit public dans leur source, en dépravant ou en égarant *l'opinion générale* ; plusieurs unirent leurs plumes à celles de cent journalistes mercenaires, pour tromper la nation entière sur le caractère de ses mandataires, & sur les opérations de la Convention. Rolland avoit organisé chez lui des ateliers d'imposture & de calomnie ; Rolland interceptoit, par le moyen des administrateurs infideles des poftes, qu'il avoit choifis, les correfpondances patriotiques, & le petit nombre d'écrits utiles que le civifme pauvre & perfécuté pouvoit publier pour la défenfe des principes & de la vérité ; il fe permettoit fouvent de fupprimer les difcours des députés républicains, dont l'envoi avoit été ordonné par la Convention ; quelquefois même il porta l'audace au point de les tronquer & les falfifier. Rabaut, dit St.-Étienne, fe fignaloit par un autre genre de talent remarquable ; il s'étoit fait directeur d'un papier très-répandu (*le moniteur*), qui étoit fenfé rendre, avec une exactitude littérale, les opinions des orateurs de la Convention ; en cette qualité, on donnoit aux difcours des patriotes le caractère & les modifications analogues au genre de calomnie que la faction avoit mis à l'ordre du jour. Souvent par l'addition, par la fouftraction ou par le déplacement d'un mot, il faifoit délirer, aux yeux de l'Europe entière, tous les défenfeurs de la République Françaife ; il avoit un émule dans la perfonne de fon collègue Louvet, qui recevoit 10,000 livres par an, pour mentir à l'univers dans le journal des débats de la Convention.

» A ces indignes moyens fe joignoit la correfpondance menfongère des agens de la faction avec leurs commettans ; les déclamations dont ils faifoient chaque jour retentir le fanctuaire des lois ; fouvent même des pétitions qu'ils avoient la lâcheté de mendier ou de dicter, & jufqu'aux réponfes du préfident ; en un mot, la tribune, le fauteuil, la barre, la correfpondance, les papiers publics, tout alors fembloit proftitué à la calomnie » (1). Comment donc ne pas fe tromper fur le véritable état des chofes à Paris; mais comment en conclure que nous avons partagé par là le crime des confpirateurs (2) ?

---

(1) *Acte d'accufation contre plufieurs membres de la Convention nationale, préfenté au nom du comité de fûreté générale par André, Amar & imprimé par ordre de la Convention.*

(2) *D'après cet extrait, fi on fépare d'un difcours ou d'un écrit quelconque relatifs aux événemens du 31 Mai, ce qui eft purement hiftorique, de ce qui eft principe ; ce qui vient des autres, de ce qui vient du rédacteur ; il eft aifé de connoître s'il y a le moindre figne de confpiration.* » Une critique même, dit J. J., quelque audacieufe qu'elle puiffe être, n'eft point une confpiration. Autant vaudroit accufer quelqu'un d'affaffiner un malade, lorfqu'il montre les fautes de fon médecin. Nul ne détruit fi radicalement le gouvernement, que celui qui en tire un ufage directement contraire à la fin pour laquelle il eft inftitué. » *Sifième. let. de la montag.*

Je ne parlerai point des difpofitions avec lefquelles nous devons porter nos jugemens ; s'il eft néceffaire de connoître les chofes, ou les perfonnes, leurs habitudes, le degré de leur intelligence, de leur intérêt perfonnel, de leur méchanceté, de leur obftination, l'effet que telle ou telle punition peut produire dans les efprits;

» L'une des conséquences les plus importantes qu'ils tiroient de tant de démarches calomnieuses, ajoute Amar, étoit la nécessité d'entourer la Convention d'une espèce de garde prétorienne, sous le nom de force départementale. Ils ne cessoient de présenter cet étrange projet, qui étoit la première base de leur système de fédéralisme & de tyrannie. Bientôt un grand nombre d'administrations excitées par leurs dangereuses insinuations, & encouragées par leurs réquisitions particulières, rompirent les liens qui les attachoient à la représentation nationale : elles osèrent lever des bataillons, &c. » Certes, si ce sont là les bases, & la conduite des fédéralistes, qui pourra ouvertement nous compter parmi ce nombre ? qui pourra lire le discours suivant que je prononçai à la société populaire, le premier Janvier 1793 (style barbare), sans gémir de la facilité avec laquelle nous y avons été compris ?

» On vous dit que la liberté est en péril, que nos représentans sont sous le couteau des despotes, que la Convention nationale doit quitter Paris, ou les départemens voler à son secours. Qu'elle est donc la conduite que vous devez tenir ? ne vous y trompez pas, frères & amis, ce sera sans doute, celle d'un homme sage qui ne veut point sacrifier la réalité à des chimères, ou à des ouï-dire, qui redouble de méfiance, comme plus on s'efforce à le précipiter en aveugle, dans des démarches qui pourroient lui arracher le plus violent repentir. Si vous avez des lettres de Biroteau, vous avez aussi le silence de ses collègues, celui de la majorité de la Convention, qui, comme vous savez, est l'horizon, que nous devons avoir sans-cesse sous les yeux. Croyez-vous qu'ils n'aiment pas la liberté comme nous ? croyez-vous qu'ils n'auroient pas sonné la cloche d'alarme, si le danger étoit si imminent qu'on vous l'a dépeint ?

La Convention nationale seroit-elle réellement menacée, faudroit-il se lever ? faudroit-il courir ? non, parceque nous ne sommes pas nous toute la France, parce que nous manquerions aux principes les plus sacrés du républicanisme, qui demandent de l'ordre dans tout ce que nous faisons, parce que nos frères des départemens nous croiroient à notre poste quand nous n'y serions plus, parce que c'est à la Convention nationale seule à commander & à nous à obéir.

Voulez-vous servir la République, voulez-vous profiter des exemples que l'histoire nous présente ? méfiez-vous de toute espèce d'exaltation ; soyons tout de glace pour entreprendre & tout de feu pour obéir. Ce qui perdit Athènes, ce qui perdit Rome, ce furent ces commotions partielles, ces élans de l'amour propre, qui nous représentent

---

puisque rien ne doit être fait que pour concourir au bien public ; l'honnête homme trouve tout cela gravé dans son cœur. Ah ! que les ennemis de la question intentionnelle doivent être précieux aux conspirateurs qui condamnent si cruellement les bonnes intentions des républicains ! ...

les choses si différentes d'elles-mêmes, qui nous font perdre de vue nos plus chers intérêts, lors même que nous nous croyons plus assurés de les servir.

Le véritable point d'appui d'une république est dans l'amour de l'ordre, dans l'union indissoluble des individus qui la composent, dans la résolution inébranlable de sacrifier en tout temps & en tout lieu la volonté particulière à la volonté de tous.

Cet amour de l'ordre, cette union imperturbable, cette résolution sainte qui, de la volonté de vingt-quatre millions d'hommes, ne fait plus qu'une seule volonté, se trouvent réunis dans le respect & l'obéissance sans borne que nous devons à la Loi. Manquer à la Loi, citoyens, quelle que soit la portion qu'il s'agisse d'enfreindre, quel que soit le motif qui nous y détermine, nous sommes déjà à moitié chemin de notre perte. Point de liberté, point de république, point de bonheur partout où la Loi ne sera pas idolâtrée, partout où elle ne sera pas regardée comme le principe de tous nos mouvemens & la règle de toutes nos délibérations. Or que fait-on lorsqu'on vous propose de prendre les armes, en ne consultant que votre opinion particulière, de quitter le poste que la loi vous recommande, pour courir en aveugles à celui qu'elle ne vous a point confié ? que fait-on lorsqu'on vous insinue de donner l'exemple dangereux d'une insubordination déchirante, d'une autorité illusoire ; lorsqu'on vous dit de sauver la République, par les moyens les plus efficaces pour l'anéantir ?

La Convention est en danger ! doutez-vous donc de la bienfaisance du soleil lorsque vous le voyez offusqué de quelques nuages ? & quels nuages encore que les simples lettres d'un individu ! Citoyens, le grand intérêt de la République, les bases fondamentales du gouvernement populaire sont la confiance & la soumission. Choisissez des mandataires fidèles, des hommes qui soient vraiment dignes de votre estime, & reposez-vous sur eux du soin de tout ce qui vous intéresse, ne les jugez que d'une manière légale & que lorsque vous aurez des preuves certaines de leur prévarication.

La Loi, citoyens, la Loi, si nous voulons conserver notre point de ralliement avec tous nos frères de la République, si nous comptons pour quelque chose les vertus civiques qui doivent nous caractériser.

Direz-vous encore que la nécessité est la plus forte des lois ? où est donc cette nécessité dans l'état actuel des choses ? le besoin de vivre en société, celui de jouir de nos droits quelconques, d'avoir une loi qui puisse nous les garantir, l'amour sacré de la patrie, voilà sans doute la première des nécessités. Socrate étoit bien pressé par la nécessité ; mais la Loi, dit-il, ah ! laissez-moi mourir avec la douce satisfaction de n'avoir jamais désobéi à la Loi.

Oui, Citoyens, elle est le soleil moral qui doit diriger nos idées & fixer irrévocablement nos opinions, elle nous commande jusqu'à présent de rester à notre poste, de le défendre par notre prudence, par notre patience, par notre courage, par notre union, par le prompt acquit de nos contributions quelconques & par tous les autres moyens qui sont en notre pouvoir pour réussir. Pour moi, citoyens, je vous le répète avec toute la candeur dont un vrai républicain est capable, je ne trouve rien dans le monde au dessus de la loi & je mourrois plutôt que de lui désobéir. Loi républicaine ! loi sainte ! à qui seule appartient de faire le bonheur de l'espèce humaine, image sensible du pouvoir divin ! puissent, mes chers compatriotes, t'envisager avec les charmes que tu me représentes, puissent-ils jouir sans cesse des sentimens délicieux dont tu m'as pénétré ! »

Arrive le 31 mai : nouvelles tentatives de la part de Biroteau, nouvelle opposition de la part des amis de la République, une & indivisible.

» L'arrestation de quelques députés, m'écriai-je, ne pèse pas une once à côté du grand intérêt public. Craignez toujours les excès où conduit l'esprit de parti. La Convention a dû savoir ce qu'elle faisoit : sa tâche est de tout prévoir, de tout diriger, comme la nôtre est de rester calmes & d'obéir. La Convention, la République, une & indivisible sont tout pour moi. » Je défie la méchanceté la plus outrée, le parasite le plus exaspéré de me démentir.

« Les fédéralistes, dit encore Amar, les mécontents, les nobles, les prêtres réfractaires, tous les ennemis de la révolution éclatèrent à la fois ; ils prétendirent que la Convention n'existoit plus ; ils annoncèrent que la constitution qu'elle avoit faite, que tous les décrets populaires qu'elle avoit portés depuis le moment où elle s'étoit purgée des traîtres, étoient nuls ; ils mirent tout en œuvre pour engager les assemblées primaires à rejeter la constitution qu'elle leur présentoit ; ils parlèrent hautement de lever des troupes contre Paris, & contre les républicains de la Convention ; ils exécutèrent ce projet autant qu'il étoit en leur pouvoir ; ils écrivirent à toutes les administrations de la République, pour les engager à se confédérer avec eux : bientôt un grand nombre d'elles accédèrent à cette association monstrueuse ; elles osèrent se constituer en puissances indépendantes. Dès ce moment les républicains furent proscrits par-tout. »

Quoi ! sont-ce les patriotes de Perpignan qu'on accuse de pareils attentats ! nous qui nous comptons au nombre des plus ardens apôtres de la révolution ? (3) nous qui avons constamment enregistré & respecté les décrets de la Convention nationale, nous qui avons accepté la constitution avec enthousiasme, soit au camp de l'union,

---

(3) *Voyez mon éloge de la révolution & des sociétés populaires, imprimé en 1789, lisez aux registres de la société de Perpignan les discours que j'ai prononcés, consultez l'opinion publique sur chacun de nous. C'est en remplissant ses devoirs loyalement & avec zèle, en parlant au peuple de ses véritables intérêts qu'on prouve son patriotisme. Nous des contre-révolutionnaires ! juste ciel ! ... nous qui idolâtrons la liberté & l'égalité & qui ne pouvons exister qu'avec la République.*

qui fut alors décoré d'un si beau titre, soit dans nos sections respectives, où la joie la plus pure, les applaudissemens les plus énergiques se manifestèrent partout (4), nous enfin qui n'avons levé des troupes, qui n'avons fait d'autre confédération, que celle qui doit exister entre tous les bons citoyens de la République, pour chasser les satellites des despotes du sol de la liberté.

En effet, la constitution avoit à peine dissipé les nuages qui couvroient encore une partie de notre horizon politique, que je travaillai à reconcilier la société populaire de Perpignan, avec celle des jacobins de Paris. (5) Voici un fragment de la lettre que je fus chargé d'écrire à cet effet.

» Il est venu, enfin, ce tems si désiré, où toutes nos préventions doivent disparoître, où toutes nos opinions politiques doivent être confondues, où la constitution ne doit faire de tous les Français qu'un peuple de frères ; parce qu'elle ne nous laisse plus de prétexte pour nous méconnoître, & que chacun de nous y trouve

---

(4) *Il est vrai qu'un des provocateurs de la force départementale (& qui ne sont plus maintenant) essaya aussi de nous faire accepter la constitution sous des conditions ; mais je m'y opposai fortement, ainsi que plusieurs autres patriotes, & la section fut de notre avis. J'avoue aussi que nous avons eu des ennemis de toute espèce, notre quatre-vingt-neuf, nos amis de la paix, nos traîtres, nos aristocrates de toutes les couleurs ; mais qu'ont-ils avancé, quoique nous soyons les patriotes les plus éloignés du centre des lumières, & le plus près du foyer de la superstition ?... On n'a pas d'idée de ce qu'il nous en a coûté pour déraciner cette crédulité imbécille, cette habitude stupide qui nous faisoit rendre à un morceau de bois ou de pierre, à telle ou telle autre matière le culte que nous ne devons qu'à l'Être suprême, qui nous faisoit regarder l'harmonie invariable de la nature comme le code des circonstances, & la connoissance de l'ordre, le chef-d'œuvre de la création, la raison humaine, comme le tribunal du malheur !...*

  Allons au ciel par nos vertus,
  Nous entrerons quoiqu'on en dise ;
  Oui, malgré Rome & ses abus,
  Nous sommes au rang des élus,
  Si le pauvre nous canonise. C.

(5) *Les donneurs de nouvelles & les papiers publics avoient fait un si alarmant tableau de la conduite des Jacobins, que la correspondance avoit été interrompue, sans pourtant que la société professât des principes différens, comme la suite l'a prouvé. La masse de la société a toujours été excellente, sans quoi nous n'aurions jamais réussi à nous délivrer de la tyrannie intérieure & étrangère, nous n'aurions pas cherché à fraterniser avec nos frères de Paris.*

cette source de biens, & de consolations qui doit faire à jamais le bien être de tous.

Qu'il est doux pour nous, frères & amis, d'avoir à vous féliciter d'un ouvrage si digne de vos lumières & de votre patriotisme ! Oui ! ce sont les Jacobins de Paris, qui par une intrépidité qui tient du prodige, l'ont arraché, comme de force, de l'antre obscur où les malveillans vouloient l'ensevelir. Républicains imperturbables ! on a eu beau vous cacher, quelques instans, dans les irrégularités d'une lutte opiniâtre, dans les nuages inséparables de tant de discutions sublimes ; vos ames toujours pures, toujours républicaines, ne perdant jamais de vue le grand objet de leurs entreprises, devoient bientôt vous représenter tels que vous êtes ; vous vouliez le bonheur de l'espèce humaine, une constitution calquée sur tous les vrais principes, vous vouliez mériter l'estime de toutes les personnes sages & éclairées, la reconnoissance de tous les siécles & vous avez réussi, &c. »

Dans une autre, à la même adresse, & écrite aussi au nom de la société, après avoir parlé de la défaite de nos troupes à Corneilla, de la marche rapide de l'ennemi sur Perpignan, & du dénuement presqu'absolu dans lequel nous nous trouvions ; je finis ainsi :

« Quoiqu'il en soit croyez, frères & amis, que nous ferons notre devoir, que nous nous laisserons plutôt ensevelir sous nos murs, que de composer avec les tyrans. Gaston & Fayau jouiroient maintenant dans cette ville, c'est que les vrais républicains étoient comme paralysés à cette époque ; mais ils parlent aujourd'hui. Rien ne pourra les distraire de tout ce que la République a droit d'en espérer, comme l'unique moyen de vous prouver combien les patriotes de Perpignan sont dignes de la liberté & de votre estime. »

Et c'est après avoir tenu parole, après avoir échappé à la barbarie des Espagnols & aux mains parricides des émigrés, après avoir conservé Perpignan à la République ; c'est lorsque nous jouissions, avec tous les bons citoyens, de la plénitude de ses triomphes, que nous nous félicitions d'avoir aussi bien mérité de la patrie ; c'est lorsque Robespierre, l'infâme Robespierre débitoit à pleine main ses listes de proscription (6), que nous avons été accusés de contre-révolution, ou de fédéralisme, qu'on nous a arrachés à nos devoirs, à toutes nos affections, à toutes nos habitudes, pour nous jeter comme des scélérats, dans de noirs cachots, jadis bâtis par l'inquisition elle-même, où l'on nous a fait rester l'espace de cinq mois, où l'ancien régime s'est toujours montré dans toute son horreur, &

---

(6) » *Robespierre avoit dans les départemens des hommes affidés qui lui envoyoient des notes sur les meilleurs patriotes ; le tyran les signoit & sur sa signature on les jettoit indignement dans les fers.* » moniteur du 14 Fructidor dernier.

où nous avons souffert mille morts, au lieu d'une seule qu'on nous préparoit !..

Ah! si nous étions coupables d'avoir été un moment dans l'erreur, il y a un an, de n'avoir pas fu à la lettre ce qui se passoit à Paris ou ailleurs ; si nous étions coupables d'avoir tant appréhendé la dissolution de la Convention nationale, d'avoir été trompés par tous ceux qui étoient chargés de nous instruire de la vérité ; qui ne sait que notre erreur, dévancée d'ailleurs par une conduite irréprochable, a été suffisamment réparée par une suite non interrompue de fatigues & de dévouement entier à la cause du peuple (7) ? Qui ne sait que sa punition actuelle ne pouvoit être remarquable que par la consternation où elle jetteroit les bons patriotes, & la joie infernale qu'elle inspireroit aux ennemis de la liberté ? Ce n'est pas ainsi que se conduisirent les Jacobins de Paris, lorsque nous leur envoyâmes notre première lettre, & qu'ils nous tendirent les bras, comme à des amis & à des frères. Ce n'est pas ainsi qu'ils traitèrent les fédérés, que la calomnie avoit appelés dans leur ville, lorsqu'après avoir abjuré les erreurs où on les avoit induits, après s'être indignés de l'audace avec laquelle on les avoit trompés, ils se joignirent à eux pour presser ensemble les triomphes de la liberté. Le véritable patriotisme n'est pas vicieux, n'est pas vindicatif, il ne veut que de la bonne foi ; mais il ne s'y trompe point ; & lorsqu'une fois il sait à quoi s'en tenir, lorsqu'il n'a plus de doute à résoudre, ni d'ennemis à terrasser, lorsqu'il ne se voit entouré que de frères, il ne pense plus qu'à les faire jouir sans cesse de l'énergie de toutes ses vertus (8). Oui ! le véritable

---

(7) *Quand il s'agit de juger la vie politique des individus, disoit sagement Goupilleau de Fontenay à la convention, il faut aussi mettre en balance les services qu'ils ont rendus, avec les fautes qu'ils ont pu commettre. Et quel est celui qui peut se dire infaillible ?*

(8) *La convention nationale s'est aussi conduite selon ces principes, En voici une preuve, & elle n'est pas la seule qu'on trouve dans ses décrets : l'agent national & autres fonctionnaires publics de Bar-sur-Ornin, dénoncés comme fédéralistes, avoient été arrêtés & traduits au tribunal révolutionnaire ; leurs plaintes, appuyées sur les preuves de civisme qu'ils n'avoient cessé de donner furent entendues de la convention, qui, après s'être convaincue qu'on ne pouvoit reprocher à ces patriotes qu'un moment d'erreur, décréta leur élargissement. Séance du 6 Messidor dernier. On lit dans le rapport fait au nom du comité d'instruction publique du 16 Prairial dernier, imprimé par ordre de la convention, ces propres mots : « Ne faisons point à nos frères du midi l'injure de penser qu'ils repousseront aucune idée utile à la patrie ; Ils ont abjuré & combattu le fédéralisme politique, ils combattront avec la même énergie celui des idiômes ; notre langue & nos cœurs doivent être à l'unisson. » Ce qui prouve combien la convention étoit éloignée de prévoir l'établissement d'une boucherie de patriotes dans les départemens du midi, peu de tems après ce rapport.*

patriotisme regarde le pardon des erreurs, & surtout des erreurs inévitables, comme une partie intégrante d'une grande révolution; il sait que tous ceux qui ont été trompés sur le compte de Robespierre ne doivent pas être punis, que toute dureté envers un patriote, lorsqu'elle n'est pas évidemment nécessaire, est un outrage au genre humain. Le véritable patriotisme m'auroit examiné, m'auroit connu & m'auroit classé avec empressement, au nombre de ses plus zélés coopérateurs.

Je sais que nous sommes dans un gouvernement révolutionnaire, mais je sçais aussi qu'un gouvernement révolutionnaire protège les patriotes, en raison de la perfidie plus ou moins astucieuse de ceux qui les méconnoissent, ou qui cherchent à les détruire; que plus il est rigoureux pour les aristocrates qui lui sont désignés par la voix du peuple, plus il est indulgent pour les amis du peuple, qui ne sont en butte qu'à un moment d'erreur ou aux seules foiblesses d'un individu.

Un gouvernement révolutionnaire, c'est un gouvernement sévère, mais juste, *qu'un régulateur despote avoit rendu détestable par la tyrannie qu'il exerçoit;* c'est la sagesse de Caton, la vigilance de Cicéron & la rigidité de Brutus mises en pratique journalière; c'est le saint amour de la République & de la justice dans toute son austérité. Si Robespierre eut aimé les lois d'un gouvernement révolutionnaire, il n'auroit pas adopté la férocité de ceux qui comptent les erreurs parmi les crimes, qui veulent tourmenter, assassiner pour instruire, & qui quand ils ont besoin d'être instruits eux-mêmes, menacent de toute leur colère quiconque auroit assez de grandeur d'ame pour leur dire la vérité. Si Robespierre eut connu les lois d'un gouvernement révolutionnaire, il n'auroit pas persécuté tant de bons patriotes, pour priver la République de leurs services, il n'auroit pas jeté la stupeur dans tant de communes, tant travaillé à guillotiner l'esprit public pour conduire en aveugle la France républicaine au bord du précipice affreux d'où la fermeté de la Convention vient enfin de la sortir.

Tout étoit perdu pour nous, si le Robespierrisme eut tenu plus long-tems les rênes du gouvernement, si l'honneur & la vie des patriotes étoient à la merci d'un individu quelconque qui voulût les opprimer; car qu'est-ce que c'est qu'un tyran? si ce n'est celui en qui la barbarie & la justice sont également indifférentes; qui ne connoissant d'autre loi que ses passions ou ses caprices, ne prend même aucune précaution contre le reproche, parce qu'il a l'audace de se croire assez fort pour pouvoir faire le mal impunément. Le pouvoir dans la main qui en abuse, a très bien dit la commune de Commerci, ressemble à la foudre qui n'épargnoit pas à Rome ses propres temples. O fatal souvenir de la barbarie de Robespierre! tourne toi au moins maintenant au profit de la République, éveille sans cesse tous ceux qui seroient jamais tentés de croire à l'infaillibilité d'un seul, qui prendroient même l'ostracisme des grecs pour un écart de l'imagination. Ce n'est pas un homme qui peut être chargé de tout ce qu'il y a de plus facré pour tous les hommes, mais le concours de plufieurs autres. Ce ne font pas les hommes encore qui font infaillibles, mais les principes. D'où vient que les feules réflexions de quelques perfonnes inconnues fuffirent pour déterminer le peuple à fe débarraffer des odieux coloffes de l'orgueil & de l'hypocrifie, & que tous les preftiges de Robefpierre & de fes complices, n'ont pu lui faire confolider l'édifice de leur égoïfme & de leur immoralité ? c'eft que les premiers lui montrerent la voie falutaire de la verité & de la juftice, & que les autres vouloient l'entraîner dans le gouffre épouvantable de l'anarchie & du repentir. » Il faut du tems, dit Voltaire, pour établir des lois arbitraires parmi les hommes ; mais il n'en faut pas pour leur apprendre à refpecter la voix de leur propre cœur. Ces deux fentimens, la liberté & l'égalité, fi profondément gravés dans nos ames, ne nous meneront jamais droit à l'injuftice, à la perfécution, à l'efclavage ; mais la grandeur ambitieufe, l'abus du pouvoir précipitent dans tous ces crimes, en tout tems & en tout lieu. » Rien ne peut nous féparer de ce qui nous donne la qualité d'homme, l'amour de l'ordre & de la juftice. Le méchant a beau triompher quelques fois, mais ce n'eft qu'un impofteur qui s'efforce à fe mentir à foi-même ; ce n'eft qu'un Robefpierre qui marche à l'abîme qui doit l'engloutir. Peut-on croire que nous n'exiftions que pour être le jouet ou les victimes d'un intriguant ou d'un defpote ; que l'Etre fuprême ait donné tant de charmes à la liberté, tant d'attraits à la vertu pour en faire l'écueil de leurs plus fideles adorateurs ! La vertu ! ah ! la vertu eft le fil qui doit nous guider dans le labyrinthe immenfe des opinions & des viciffitudes humaines ; c'eft le miroir ardent qui détruit toute efpèce d'ariftocratie, le fondement inébranlable du gouvernement populaire, le but de toutes fes opérations, la gardienne de toutes fes loix, l'ame de fes légiflateurs, la garantie de tous nos droits, & la règle de tous nos devoirs ; elle n'eft pas autre aujourd'hui, autre demain : immuable, indivifible, elle n'exifte enfin que pour que nous ne fortions jamais des voies de la nature, que pour que nous vivions conformément aux vues de l'éternel & à l'intérêt de tous.

De là, le complot le plus funefte qui fe puiffe ourdir contre un gouvernement fondé fur la vertu, eft la corruption de l'efprit public, afin que le gouvernement perdant fa garantie, on puiffe tout ofer pour le détruire. Ce plan de conjuration, le plus atroce qui fe puiffe concevoir, puifqu'il immole la vertu & l'innocence pour l'intérêt du crime, ce plan s'exécutoit. Patriotes ! réfléchiffez donc ; dites à ceux qui feroient jamais tenté de le renouveller : » que voulez-vous ? vous qui ne voulez point de vertu pour être heureux. Que voulez-vous ? O vous, qui fans vertu; tournez la terreur contre la liberté : le peuple n'eft pas un tyran, fi vous voulez faire, contre l'ordre préfent des chofes, ce que le peuple a fait contre la tyrannie, vous êtes des méchants qu'il faut démafquer. C'eft le peuple aujourdhui qui règne ; c'eft lui que l'ariftocratie yeut détroner. Voulez-vous des emplois ? défendez les malheureux dans les tribunaux ; voulez vous des richesses ? sachez vous passer du superflu. Vous voit-on parler au peuple des vertus civiles ? vous voit-on lui enseigner à diriger le cœur & l'esprit des enfans ? Où sont les opprimés dont vous avez essuyé les larmes ? Malheur à vous qui savez les chemins qui conduisent à la fortune, & ne connoissez pas les chemins obscurs qui conduisent dans les asyles de la misère !

» Patriotes, le caractère des conjurations est le déguisement & la dissimulation : *on seroit imprudent d'annoncer ses desseins & son crime* ; il ne faut donc point s'arrêter à la surface des discours ; mais juger un homme par ce que la probité conseille aujourdhui. La probité conseille maintenant de rester unis, & d'accorder au peuple les fruits de cinq années de révolution. La probité conseille la perte de tous les ennemis de la révolution ; *mais elle ne conseille pas d'attaquer ces ennemis, de manière à frapper du même coup la patrie*. Nous pouvons convaincre de dissimulation ceux qui font & disent aujourd'hui ce qu'ils ne faisoient pas & ne disoient pas hier. *La probité est un pouvoir qui défie tous les attentats*. Si le peuple aime la vertu, la frugalité ; si l'effronterie disparoît des visages ; si nous retournons à la nature, à la morale ; si la pudeur entre dans la Cité, & les conspirateurs dans la poussière ; si, inflexible envers les ennemis de la révolution, on est aimant & sensible envers un patriote ; si les fonctionnaires publics s'ensevelissent dans leurs cabinets, pour s'y assujetir à faire le bien, sans courir après la renommée, n'ayant pour témoin que leur cœur ; si on donne des terres à tous les malheureux ; si on les ôte à tous les scélérats, nous aurons fait une révolution : mais s'il arrive le contraire ; si les vices triomphent ; si d'autres grands prennent la place des premiers ; si les supplices ne poursuivent point les conspirateurs découverts & à découvrir, fuyons dans le sein de la divinité, il n'y a pas eu de révolution ; il n'y a ni bonheur ni vertu à espérer sur la terre. Voilà la vérité ; ramenez donc la justice dans tous les cœurs & la justesse dans tous les esprits ; prescrivez aux autorités leurs bornes ; car l'esprit humain a les siennes. Le gouvernement est révolutionnaire ; mais les autorités ne le sont pas intrinséquement : *si elles agissent révolutionnairement d'elles-mêmes, voilà la tyrannie, voilà la cause du malheur du peuple*.

» Citoyens de toute la France, si vous avez un cœur né pour le bien & pour sentir la vérité, vous connoîtrez les piéges de vos ennemis, vous vous unirez en état de souverain pour résister à tous les partis : il n'en faut pas dans un état libre, pour qu'il puisse se maintenir. Représentans du peuple, c'est à vous de saisir d'une main hardie le timon de l'état, de gouverner avec fermeté & d'en imposer aux factions scélérates. Peuple, chéris la morale, punis quiconque blessera la justice, elle est la garantie du gouvernement libre : c'est la justice qui rend les hommes égaux. Les hommes corrompus sont esclaves les uns des autres ; c'est le droit du plus fort qui fait la loi entre les méchans : que la justice, la probité & la vertu soient à jamais a l'ordre du jour dans la République Française (9). » Tel est le pouvoir des principes, qu'eux seuls doivent diriger & consoler l'espèce humaine, dans sa fragile & courte durée, qu'eux seuls ont établi la République, & qu'eux seuls peuvent la maintenir. Ils sont terribles pour les malveillans de tout genre qui veulent les plier au gré de leurs fantaisies ou de leurs caprices ; mais qu'ils sont consolans pour un patriote qui n'a jamais dévié de la route chérie de la liberté & de l'égalité. Comme un aristocrate, reconnu tel par la prudence, est coupable aussi des

---

(9) *Fragment d'un discours du comité de salut public à la convention nationale qui en ordonna l'impression & qui n'a pas peu contribué, sans doute, à démasquer le scélérat qui l'a prononcé. (St.-Just.) Les prêtres disoient : faites ce que nous vous disons ; & ne vous avisez pas de ce que nous faisons ; c'est-à-dire, c'est à nous à vous bander les yeux & à vous à tourner la meule ; mais les républicains disent : la roche Tarpéïenne est là pour tous ceux qui après nous avoir fait le plus beau portrait de la vérité, seront les premiers à l'outrager.*

Qu'un jeune homme qui sortoit du collège ait sçu faire des phrases, arranger des idées, ou relever celles d'autrui sans en sentir toute l'importance, je ne trouve rien là d'extraordinaire ; mais que cet écolier ait voulu se donner le ton de l'expérience, se nommer tuteur de la France républicaine, guillotiner tous les philosophes anciens & modernes, brûler les livres qui ont préparé la révolution, embastiller les sans-culotte qui l'ont opérée, paralyser ou détruire l'instruction publique, passer enfin impunément pour le plus ardent & le plus barbare énergumene de l'inquisition de Goa ; c'est ce qui paroîtra une fable aux yeux de la postérité. Méfions-nous, je vous dis, de la prétendue infaillibilité d'un seul, ni de deux, ni de trois ; les principes seuls sont infaillibles. Que jusqu'au plus ignorant des hommes sâche le respect qu'on doit à la liberté, à l'égalité, à la probité, à la justice, à la vertu ; & nous serons heureux. La liberté consiste à faire tout ce que la loi ne défend pas de faire ; l'égalité à avoir en horreur tous ceux qui désormais auroient la folle & ridicule manie de se faire appeller M. un tel ... qui croiroient que le superflu, le luxe & l'insolence déifient les hommes, & que la loi n'est pas également la protectrice du plus foible comme du plus fort, du plus connu comme du plus ignoré ; la probité à ne jamais se mentir à soi-même ni aux autres ; la justice à être intégre, impartial, éclairé & non prévenu dans tous les jugemens que nous portons : la vertu à donner un libre cours à cette bienfaisance qui nous est si naturelle, à confondre sans cesse son bien-être particulier avec le bien-être général de la société, les aristocrates & les égoïstes exceptés ; car les monstres doivent être chassés de partout.

jugemens téméraires qu'on porte fur toutes fes actions ; ainfi ; tout tourne en faveur d'un patriote lorfqu'il a donné des preuves éclatantes de fon civifme, & qu'il ne s'agit que de décider s'il eft patriote ou s'il ne l'eft point. Oui s'il eft facile de croire à la trahifon d'un ci-devant, d'un fanatique ou de tout autre ennemi du peuple; il eft impoffible de porter le même jugement fur des fans-culottes qui fe feront dévoués de tout temps à la caufe facrée de la liberté & de l'égalité. Notre patriotifme n'a jamais été équivoque, les faits parlent & leur langage eft bien plus énergique & bien plus folide que toutes les idées vagues de nos accufateurs (10). Une erreur commife il y a un an, ne pouvoit être devenue un crime après un fi long intervalle; elle ne pouvoit condamner maintenant tous les repréfentans qui l'ont connue, & qui, fûrs de mon républicanifme, n'ont ceffé de me mettre à même d'être utile au bien public. (11) Une erreur commife il y a un an ne devoit être punie *(fi elle pouvoit l'être)* que par les feules lois exiftantes il y a un an, comme la Convention nationale l'a décidé en décrétant

---

(10) *J'appelle nos accufateurs, celui ou ceux qui furprirent d'une manière quelconque l'ordre de notre arreftation. Un magiftrat peut fe tromper quelquefois, il eft vrai, mais plus particulierement fi on lui exagère le motif de fes follicitudes, fi les perfonnes qu'il croit dignes de fa confiance ont un intérêt fordide à lui cacher la vérité. Qui ne connoît depuis long-tems les voies tortueufes de l'infernale ariftocratie? Elle fait que l'immoralité peut feule détruire les républiques, que là où l'excès commence le bien finit, (témoin le Robefpierrifme); auffi, dit un auteur judicieux, pour fe bien conduire c'eft moins la tyrannie des paffions qu'il faut craindre que celle de l'ignorance, ou de la perfidie, qui nous livrent entre leurs mains en exagérant leur pouvoir. Détruifons l'ignorance & la perfidie: connoiffons tout par nous-mêmes, approfondiffons la juftice & l'avantage de nos déterminations; & nous verrons difparoître ces illufions qui nous éblouiffent, ces opinions confufes & mobiles que nous prendrions inutilement pour des principes, & qui ont été fi fouvent le fléau de l'innocence & l'écueil de l'homme de bien.*

(11) *Peu de tems après cet événement, trois repréfentans du peuple montagnards, qui le connoiffoient très-bien, me tirerent du tribunal de diftrict pour me faire occuper une place de commiffaire des guerres, dont je n'ai été ni deftitué, ni fufpendu; plufieurs de mes codétenus fe font trouvés dans ce même cas : un fut nommé officier, quoique dans la prifon; un autre eut fon fils défigné pour l'école de Mars (où il eft), parce qu'on devoit choifir les enfans des patriotes qui s'étoient le plus montrés, &c. &c.*
Veut on quelque chofe de plus? Voici une pièce qui répondra

que les lois révolutionnaires ne pouvant dénaturer les principes ne devoient avoir comme les autres aucun effet rétroactif. Une erreur qui ne venoit pas de notre fait & que j'ai démontrée inévitable, une erreur réparée aussitôt que connue, une erreur que je n'ai point partagée, puisque je ne fis que répéter les maximes que j'avois prêchées à la société populaire & aux sections, une erreur enfin qui n'a mené qu'au développement de la haine que nous avons jurée aux tyrans & à la tyrannie, qui n'a servi qu'à prouver notre attachement à la Convention & à la République, une & indivisible, ne pouvoit nous mériter les pertes que nous avons essuyées, ni les maux cruels qu'on nous a fait souffrir.

Périssent tous les tyrans, tous les conspirateurs, & tous les ennemis quelconques de l'humanité & de la justice! Vive la République, une & indivisible! Vivent tous ses braves défenseurs!

J. ANGLADE.

---

aussi à la lettre de Donni, du 13 Pluviôse, qu'il vint lui-même rétracter une heure après. Que ne l'accompagnoit-il, au moins, de ma réponse! Ce n'est pas en calomniant les autres qu'on doit se justifier.

Paris, le 27 Frimaire, l'an 2e. de la Rép., une & indiv.
Société des amis de la liberté & de l'égalité, séante aux ci-devant jacobins St.-Honoré à Paris, au citoyen Anglade commissaire des guerres, au camp de la division de droite; Armée des Pyrénées orientales.

RÉPUBLICAIN,

C'est à toi qu'il appartient de dénoncer les abus révoltans qui se commettent dans la partie des .... tu l'as fait dans ta dernière lettre à la société, avec cette intelligence qui caractérise le citoyen versé dans la gestion qui lui est confiée, & avec cette hardiesse qui fait reconnoître le républicain, &c. &c. »

Suivent les signatures de tous les membres du comité de correspondance.

Je reçus cette lettre dans ma prison, c'est-à-dire cinq mois après qu'elle fut écrite; j'en fis usage; mais les véritables jacobins, ceux qui s'entendent d'un bout de monde à l'autre, par leur attachement inviolable aux principes, étoient proscrits !!!

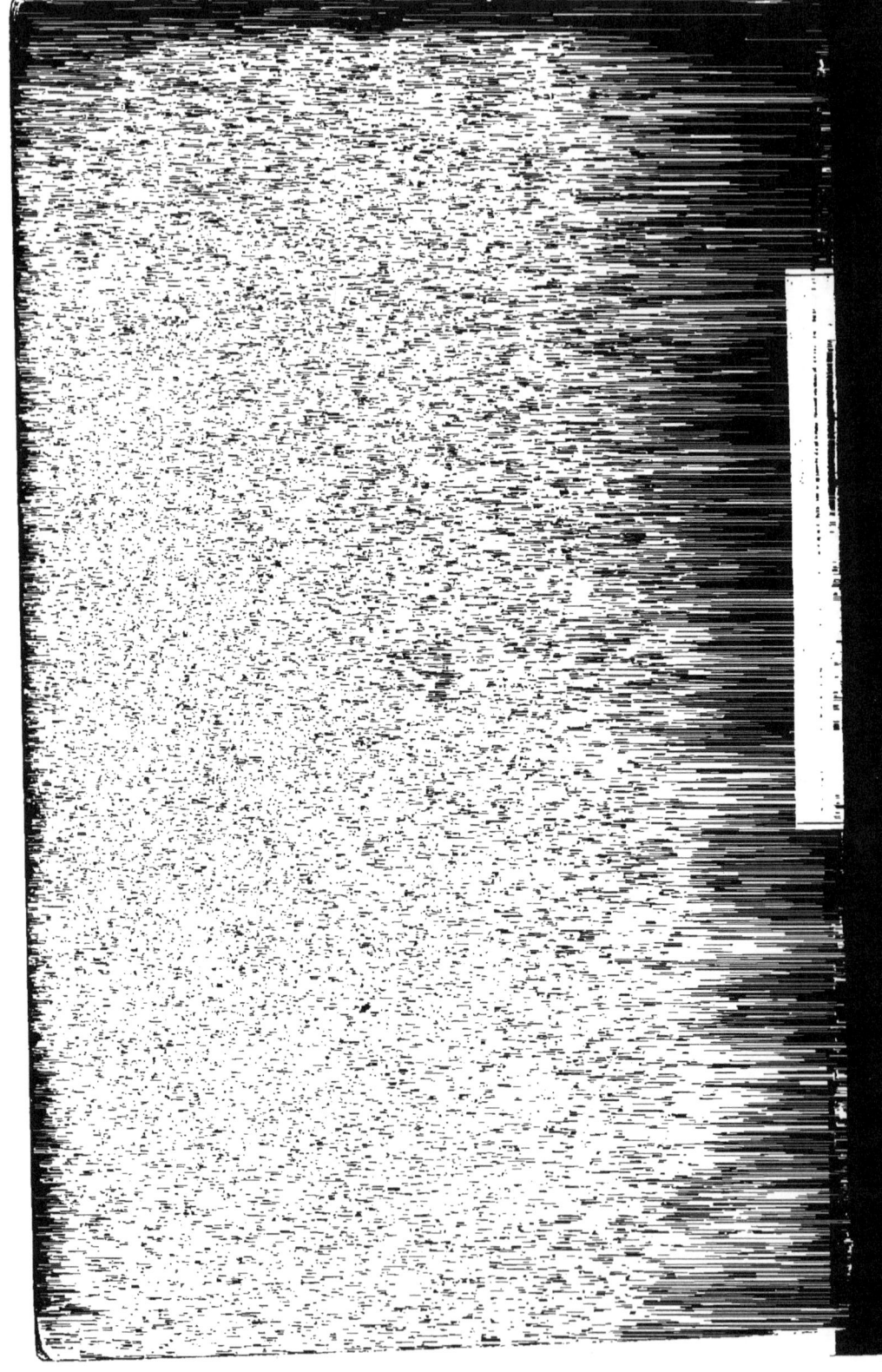

www.ingramcontent.com/pod-product-compliance
Lightning Source LLC
Chambersburg PA
CBHW060451050426
42451CB00014B/3265